CONTENTS

Aqui está um roteiro para ajudá-lo	4
1. Pesquisa e planejamento iniciais:	5
2. Nome da empresa:	6
3. Registro e legalização:	9
4. Escolha da localização:	15
5. Estrutura e instalações:	19
6. Contratação de funcionários:	23
7. Fornecedores e estoque:	28
8. Cardápio:	32
9. Marketing e divulgação:	35

Como Abrir uma Lanchonete: Guia Completo para Empreendedores Ambiciosos

Se você é um empreendedor ambicioso, apaixonado pela gastronomia e sonha em ter o próprio negócio, este guia é perfeito para você! Bem-vindo à apostila de como abrir uma lanchonete, um manual detalhado que o acompanhará em todas as etapas do processo de criação do seu estabelecimento.

Abrir uma lanchonete é uma jornada emocionante e repleta de desafios, mas com o conhecimento certo e uma dose de determinação, é possível alcançar o sucesso nesse segmento competitivo. Nesta apostila, reunimos anos de experiência e expertise para ajudá-lo a construir uma lanchonete única, cativante e de sucesso.

Desde o planejamento inicial até a inauguração, passando pela criação do cardápio, escolha do local ideal, questões legais e financeiras, marketing e gestão de equipe, cada capítulo foi cuidadosamente elaborado para lhe fornece informações valiosas e práticas que o conduzirão ao êxito empresarial.

Segredos compartilhados por especialistas do setor, dicas para destacar sua lanchonete em meio à concorrência e orientações para garantir a satisfação dos clientes em cada visita. Aprenda a criar um ambiente acolhedor, cativante e atraente, no qual os clientes se sentirão em casa, e descubra como construir uma equipe dedicada e comprometida com o sucesso do seu negócio.

Aposto no seu potencial e acredito que, com a orientação certa e o esforço adequado, você está prestes a embarcar em uma jornada que mudará sua vida. Estou empolgado por fazer parte do seu caminho rumo ao sucesso com a sua lanchonete!

Esteja preparado para aprender, crescer e enfrentar os desafios que virão pela frente. Então, pegue sua caneta, abra sua mente e vamos começar esta emocionante jornada rumo à realização do seu sonho: abrir e administrar uma lanchonete de sucesso!

Boa leitura e sucesso em sua nova empreitada!

AQUI ESTÁ UM ROTEIRO PARA AJUDÁ-LO
A ABRIR UMA LANCHONETE DE SUCESSO

1. PESQUISA E PLANEJAMENTO INICIAIS:

1.1 **Realize uma pesquisa de mercado:**
Para identificar a demanda por lanchonetes na sua região. Considere fatores como localização, concorrência, público-alvo e preferências dos consumidores.

1.2 **Defina seu público-alvo:**
Defina seu público-alvo e crie um plano de negócios que inclua informações sobre conceito, menu, estratégia de marketing, projeções financeiras e recursos necessários.

2. NOME DA EMPRESA:

- Originalidade
- Jogo de Palavras
- Localização
- Identidade
- Significado
- NOME
- Visual
- Simplicidade
- Identidade da Lanchonete
- Desing

Definir um excelente e criativo nome para uma lanchonete é um processo empolgante, mas pode ser desafiador. Um bom nome deve ser memorável, fácil de pronunciar, refletir a identidade da lanchonete e se destacar entre a concorrência. Aqui estão algumas dicas para ajudar nessa escolha:

2.1 Identidade da Lanchonete:

Considere a proposta única da sua lanchonete e quais são os principais conceitos ou temáticas que a tornam especial. Pense em palavras que estejam associadas à comida, ao tipo de culinária que você oferece ou à atmosfera do estabelecimento.

2.2 Jogo de Palavras:

Use jogos de palavras, trocadilhos ou combinações criativas de palavras que se relacionem com o cardápio ou conceito da lanchonete. Essa abordagem pode tornar o nome mais divertido e interessante.

2.3 Simplicidade:

Opte por um nome curto, simples e fácil de pronunciar. Nomes complexos ou difíceis podem ser esquecidos facilmente pelos clientes.

2.4 Localização:

Se a lanchonete estiver localizada em um bairro específico ou em um lugar com um nome interessante, considere incluir a localização no nome para criar uma conexão com a comunidade local.

2.5 Pesquisa:

Pesquise se o nome que você escolheu já não está sendo utilizado por outras lanchonetes ou empresas do mesmo ramo. Verifique também se o nome está disponível como domínio na internet e nas redes sociais.

2.6 Teste com Amigos e Família:

Peça opiniões e feedbacks sobre o nome que você escolheu. Às vezes, ter diferentes perspectivas pode ajudar a encontrar um nome mais atraente.

2.7: Originalidade:

Evite nomes genéricos ou clichês que já são usados por muitas outras lanchonetes. Busque ser original e único.

2.8 Futuro:

Pense em um nome que se adapte ao crescimento do negócio. Um nome muito específico pode limitar futuras expansões ou mudanças no cardápio.

2.9 Sentimento e Emoção:

Busque um nome que transmita algum sentimento ou emoção positiva, que desperte a curiosidade dos clientes ou os faça sentir bem-vindos.

2.10 Marca Registrada:

Verifique se o nome escolhido não está registrado como marca comercial por outra empresa.

Lembre-se que o nome da sua lanchonete é uma parte importante da sua identidade de marca e deve refletir a essência do seu negócio. Dê um tempo para refletir, seja criativo e, acima de tudo, escolha um nome que você ame e que se conecte com a visão e valores da sua lanchonete.

3. REGISTRO E LEGALIZAÇÃO:

Registre sua empresa na Junta Comercial do Estado de São Paulo (JUCESP) ou no cartório de registro de pessoas jurídicas.

3.1 Elaboração dos documentos necessários:

3.1.1 Contrato Social:

Elabore o contrato social da sua lanchonete, que é o documento que define as regras, responsabilidades e participação dos sócios, caso haja mais de um.

3.1.2 Requerimento Padrão:

Preencha o Requerimento Padrão fornecido pela Junta Comercial de São Paulo. Esse documento solicita informações básicas sobre a empresa, como nome, endereço, atividade principal, entre outras.

3.1.3 Acesso Ao Sistema Online Da Junta Comercial:

Acesse o site da Junta Comercial do Estado de São Paulo (JUCESP) e crie uma conta no sistema online. Isso permitirá que você faça o registro de forma eletrônica.

3.1.4 Registro Do Contrato Social:

3.1.4.1 Faça o upload do contrato social e do requerimento padrão preenchido no sistema online da JUCESP.
3.1.4.2 Preencha todas as informações solicitadas no sistema, fornecendo os dados corretos e atualizados sobre a sua lanchonete.

3.1.5 Pagamento Das Taxas:

Após o preenchimento e envio dos documentos, será gerado um boleto para pagamento das taxas de registro. Verifique o valor das taxas vigentes no site da JUCESP e efetue o pagamento dentro do prazo estabelecido.

3.1.6 Análise E Deferimento Do Registro:

3.1.6.1 Após o pagamento das taxas, a JUCESP analisará os documentos e poderá solicitar alguma correção ou complementação, se necessário.
3.1.6.2 Após a análise e aprovação dos documentos, o registro será deferido e sua lanchonete estará oficialmente registrada na Junta Comercial de São Paulo.

3.2. Obtenha um CNPJ (Cadastro Nacional da Pessoa Jurídica) junto à Receita Federal. Isso pode ser feito por meio do site da Receita Federal ou com a ajuda de um contador.

3.2.1 Defina O Tipo De Empresa:

Determine qual será o tipo de empresa para a sua lanchonete. As opções mais comuns são Microempreendedor Individual

(MEI), Empresário Individual (EI) ou Sociedade Limitada (LTDA). Verifique qual opção se adequa melhor ao seu caso.

3.2.2 Acesse O Portal Do Empreendedor:

Caso opte pelo registro como Microempreendedor Individual (MEI), acesse o Portal do Empreendedor (www.portaldoempreendedor.gov.br) e clique em "Formalize-se". Siga as instruções para fazer o registro como MEI. Serão gerados o CNPJ e o número do registro na Receita Federal.

3.2.3 Preencha O Formulário Da Receita Federal:

Caso opte por outras formas de empresa, acesse o site da Receita Federal (www.receita.economia.gov.br) e procure a opção de "Cadastro Nacional de Pessoa Jurídica (CNPJ)". Preencha o formulário online com todas as informações solicitadas, incluindo dados da empresa, atividades, endereço, informações dos sócios, entre outros.

3.2.4 Escolha Do Regime Tributário:

Durante o preenchimento do formulário da Receita Federal, você precisará escolher o regime tributário para a sua lanchonete. As opções comuns são Simples Nacional, Lucro Presumido ou Lucro Real. Consulte um contador para ajudá-lo a escolher o regime tributário mais adequado ao seu negócio.

3.2.5 Envio Da Solicitação E Pagamento De Taxas:

Após preencher todos os campos do formulário, envie a solicitação de CNPJ. Será gerado um Documento de Arrecadação de Receitas Federais (DARF) com as taxas a serem pagas. Efetue o pagamento dentro do prazo estabelecido.

3.2.6 Acompanhamento Do Processo:

Após o envio da solicitação e pagamento das taxas, acompanhe o processo de obtenção do CNPJ pelo site da Receita Federal ou pelo sistema utilizado no momento do cadastro. Normalmente, o CNPJ é emitido em alguns dias úteis.

3.3 Verifique se há necessidade de licenças específicas para abrir uma lanchonete na sua cidade. Entre em contato com a Prefeitura Municipal ou a Vigilância Sanitária local para obter informações sobre as licenças necessárias, como alvará sanitário e alvará de funcionamento.

3.3.1 Verifique Os Requisitos Específicos:

Entre em contato com a Prefeitura Municipal ou acesse o site oficial para verificar os requisitos específicos para a inscrição municipal. Pode haver diferenças dependendo do tipo de negócio e das regulamentações locais.

3.3.2 Documentação Necessária:

Reúna os documentos exigidos para a inscrição municipal. Os documentos comumente solicitados podem incluir:

3.3.3 Formulário De Requerimento Preenchido Fornecido Pela Prefeitura Ou Disponível Online.

3.3.4 Cópia Do Contrato Social Ou Do Requerimento

De Empresário Individual.

3.3.5 Comprovante De Endereço Do Estabelecimento.

3.3.6 Cópia Dos Documentos De Identificação Dos Sócios Ou Responsáveis Legais.

3.3.7 Preenchimento Do Formulário:

Preencha o formulário de requerimento com as informações solicitadas, fornecendo os dados corretos e atualizados sobre a sua lanchonete, como razão social, atividade principal, endereço, entre outros.

3.3.8 Reúna A Documentação:

Compile todos os documentos necessários para a inscrição municipal na sua cidade.

3.3.9 Protocolo E Pagamento:

Dirija-se ao órgão responsável, geralmente o setor de Cadastro e Fiscalização da Prefeitura, e protocolize a documentação. Pague as taxas aplicáveis relacionadas à inscrição municipal. O valor e as formas de pagamento podem variar, portanto, verifique as informações atualizadas na Prefeitura da Cidade.

3.3.10 Análise E Emissão Do Alvará De Funcionamento:

Após o protocolo da documentação e o pagamento das taxas, a Prefeitura analisará o seu pedido de inscrição municipal. Após a aprovação, será emitido o Alvará de Funcionamento e a Licença Sanitária, que autorizam a operação da sua lanchonete.

4. ESCOLHA DA LOCALIZAÇÃO:

4.1 Encontre um local adequado para sua lanchonete , considerando fatores como visibilidade, acessibilidade, proximidade

de escritórios, escolas ou áreas com grande movimento de pessoas.

4.1.1 Localização Estratégica:

Busque por uma localização que esteja em uma área com grande fluxo de pessoas, como áreas comerciais, regiões próximas a escolas, escritórios, centros empresariais, áreas turísticas ou próximo a espaços de entretenimento.

4.1.2 Acessibilidade:

Certifique-se de que o local seja de fácil acesso para os clientes, seja a pé, de carro ou transporte público. Considere a disponibilidade de estacionamento próximo, se necessário.

4.1.3 Visibilidade:

Escolha um ponto que seja visível e chamativo para atrair a atenção dos potenciais clientes. Uma localização em uma rua movimentada, em uma esquina ou em um shopping center pode proporcionar maior visibilidade.

4.1.4 Infraestrutura Adequada:

Verifique se o espaço disponível possui a infraestrutura necessária para uma lanchonete, como área de preparação de alimentos, espaço para atendimento ao público, cozinha, banheiros e armazenamento.

4.1.5 Concorrência:

Analise a concorrência na área escolhida. Ter alguns concorrentes próximos pode indicar que o local é atrativo para o público-alvo.

No entanto, é importante considerar a saturação do mercado e a possibilidade de se destacar entre os concorrentes.

4.1.6 Custo-Benefício:

Avalie se o custo do aluguel ou compra do imóvel é compatível com o seu orçamento e se o retorno esperado justifica o investimento. Considere também os custos adicionais, como reformas, adequação às normas sanitárias, entre outros.

4.2 Verifique se o imóvel escolhido atende aos requisitos da legislação local em relação a zoneamento e normas de segurança.

4.2.1 Consulte A Prefeitura Municipal:

Entre em contato com o setor responsável pelo urbanismo ou planejamento urbano da Prefeitura Municipal. Informe o endereço do imóvel e solicite informações sobre o zoneamento da área em que o imóvel está localizado. Verifique se a atividade de lanchonete é permitida no local.

4.2.2 Alvará De Funcionamento:

Pergunte sobre as normas e regulamentos específicos para a abertura de uma lanchonete no local escolhido. Verifique se o imóvel possui as condições necessárias para a obtenção do Alvará de Funcionamento, que é emitido pela Prefeitura após a aprovação das vistorias e das exigências relacionadas à segurança e adequação da edificação.

4.2.3 Zoneamento Do Imóvel:

Além de consultar a Prefeitura, você pode verificar o zoneamento do imóvel através de uma consulta à legislação de uso e ocupação do solo do município. Essa legislação é pública e costuma estar disponível no site da Prefeitura ou em um órgão de urbanismo.

4.2.4 Normas De Segurança:

Para garantir que o imóvel atenda às normas de segurança exigidas, você deve contratar um engenheiro ou arquiteto para realizar uma vistoria no local. Esse profissional verificará as condições da edificação, como instalações elétricas, hidráulicas, ventilação, saídas de emergência, extintores de incêndio, entre outros aspectos de segurança.

4.2.5 Regularização Do Imóvel:

Caso o imóvel não esteja em conformidade com as normas de segurança ou zoneamento, será necessário verificar quais medidas devem ser tomadas para regularizá-lo. Dependendo das alterações necessárias, pode ser que seja preciso obter autorizações adicionais ou realizar reformas.

5. ESTRUTURA E INSTALAÇÕES:

5.1 Planeje a estrutura interna da lanchonete,

incluindo áreas para atendimento, cozinha, armazenamento e banheiros.

A estrutura interna de uma lanchonete pode variar de acordo com o tamanho do estabelecimento e o menu oferecido. No entanto, geralmente inclui as seguintes áreas:

5.1.1 Área De Atendimento:

5.1.1.1 Balcão ou área de atendimento ao cliente

Local onde os clientes fazem seus pedidos e podem realizar o pagamento.

5.1.1.2 Mesas e cadeiras:

Espaço destinado aos clientes para se sentarem e desfrutarem das refeições.

5.1.1.3 Área de espera:

Caso haja fila de clientes, é importante ter uma área para espera confortável e organizada.

5.1.2 Cozinha:

5.1.2.1 Área de preparo:

Espaço onde os alimentos são preparados, incluindo bancadas para corte, fogão, forno, fritadeiras e outros equipamentos.

5.1.2.2 Área de lavagem:

Local onde são realizadas as atividades de lavagem de louças e utensílios.

5.1.2.3 Bancadas e pias:

Para a organização e higienização dos alimentos.

5.1.2.4 Exaustão e ventilação:

É fundamental para garantir um ambiente de trabalho seguro e livre de fumaça e odores.

5.1.2.5 Geladeiras e freezers:

Para armazenamento adequado de alimentos perecíveis e congelados.

5.1.3 Área De Armazenamento:

5.1.3.1 Depósito:

Espaço destinado ao armazenamento de produtos secos e não perecíveis, como embalagens, papelaria e produtos de limpeza.

5.1.3.2 Estoque de alimentos:

Local para armazenar alimentos que não cabem na cozinha ou precisam de condições específicas de conservação.

5.1.4 Banheiros:

5.1.4.1 Banheiros para clientes:

Normalmente localizados próximos à área de atendimento e de fácil acesso.

5.1.4.2 Banheiros para funcionários:

Podem ser integrados à área da cozinha ou em uma área específica reservada aos colaboradores.

5.1.5 Área Administrativa:

5.1.5.1 Escritório:

Caso seja necessário, uma área para a administração do negócio, onde são feitas tarefas administrativas, como controle de estoque, financeiro e recursos humanos.

5.1.6 Ambiente E Decoração:

A decoração e ambientação da lanchonete devem ser cuidadosamente planejadas para criar um ambiente agradável e convidativo aos clientes.

Verifique as instalações elétricas, hidráulicas e de ventilação. Certifique-se de que elas atendam às normas de segurança e regulamentos sanitários.

6. CONTRATAÇÃO DE FUNCIONÁRIOS:

6.1 Defina a equipe necessária para operar sua lanchonete e estabeleça os critérios de contratação.

6.1.1 Gerente Ou Administrador:

Responsável pela gestão geral da lanchonete, incluindo o planejamento, organização e supervisão das operações diárias.

Deve ter experiência em gerenciamento de negócios de alimentos, habilidades de liderança e capacidade de tomar decisões rápidas.

6.1.2 Atendentes De Balcão Ou Caixas:

Responsáveis pelo atendimento ao cliente, recebimento de pedidos, preparo de bebidas e venda de produtos.

Devem ter habilidades de comunicação, ser amigáveis e eficientes no atendimento ao cliente.

6.1.3 Cozinheiros Ou Chef:

Encarregados de preparar os alimentos do cardápio, garantindo a qualidade e apresentação adequada dos pratos.

Devem ter experiência em culinária, conhecimento de higiene alimentar e capacidade de trabalhar sob pressão.

6.1.4 Auxiliares De Cozinha:

Apoiam os cozinheiros nas atividades da cozinha, como pré-preparo de ingredientes, limpeza e organização.

Devem ser ágeis, organizados e ter noções básicas de higiene e manipulação de alimentos.

6.1.5 Auxiliares De Limpeza:

Responsáveis pela limpeza geral do estabelecimento, incluindo áreas de atendimento, cozinha, banheiros e depósito.

Devem ser detalhistas, higiênicos e comprometidos com a manutenção da limpeza.

6.1.6 Critérios De Contratação:

6.1.6.1 Experiência: Priorize candidatos que possuam experiência prévia em lanchonetes ou restaurantes similares. A experiência pode reduzir o tempo de treinamento e aumentar a eficiência.

6.1.6.2 Habilidades e conhecimentos: Verifique se os candidatos têm as habilidades específicas necessárias para cada função, como experiência em atendimento ao cliente, técnicas de culinária ou limpeza.

6.1.6.3 Comprometimento e disponibilidade: Procure candidatos que demonstrem comprometimento com o trabalho e disponibilidade para cumprir os horários de funcionamento da lanchonete.

6.1.6.4 Higiene e apresentação pessoal: Aparência e higiene pessoal são importantes para um negócio de alimentos. Certifique-se de que os candidatos tenham uma apresentação pessoal adequada.

Referências: Solicite referências profissionais para verificar a reputação e desempenho dos candidatos em trabalhos anteriores.

6.2 As obrigações trabalhistas são fundamentais para garantir o cumprimento da legislação e assegurar os direitos dos funcionários. Aqui estão as principais obrigações trabalhistas que você deve cumprir ao contratar funcionários para sua lanchonete:

6.2.1 Registro Dos Funcionários:

Ao contratar um novo funcionário, é obrigatório realizar o registro em carteira de trabalho (CTPS) no prazo máximo de 48 horas após o início das atividades do empregado. Esse registro deve conter informações sobre o cargo, salário, data de admissão e outras informações relevantes.

6.2.2 Contrato De Trabalho:

É necessário formalizar o vínculo empregatício com o funcionário através de um contrato de trabalho. Existem diferentes tipos de contratos, como o contrato por prazo indeterminado, contrato temporário ou contrato de experiência. Consulte um advogado trabalhista ou contador para elaborar um contrato adequado à legislação.

6.2.3 Pagamento De Salários:

O salário do funcionário deve ser pago regularmente, preferencialmente mensalmente. O pagamento pode ser realizado em dinheiro, cheque ou depósito em conta bancária, desde que acordado previamente com o empregado.

Fique atento ao cumprimento do salário-mínimo vigente e eventuais reajustes.

6.2.4 Contribuições Previdenciárias:

É obrigatório o recolhimento das contribuições previdenciárias para o INSS (Instituto Nacional do Seguro Social) tanto pelo empregador quanto pelo empregado. Essas contribuições garantem o acesso a benefícios previdenciários, como aposentadoria e auxílio-doença.

O recolhimento é feito por meio de guias específicas (GPS) e deve ser realizado até o dia 20 de cada mês.

6.2.5 Fgts (Fundo De Garantia Do Tempo De Serviço):

O empregador é obrigado a depositar mensalmente o valor equivalente a 8% do salário do funcionário em uma conta vinculada ao FGTS. Esse valor é uma garantia de que o trabalhador terá recursos disponíveis em caso de demissão sem justa causa, entre outras situações.

6.2.6 Horas Extras E Descanso Semanal Remunerado (Dsr):

Cumpra a legislação quanto ao pagamento das horas extras, que são as horas trabalhadas além da jornada regular, e também ao pagamento do Descanso Semanal Remunerado (DSR), que é um dia de descanso remunerado por semana.

6.2.7 Férias E 13º Salário:

Conceda as férias anuais aos funcionários, que têm direito a 30 dias de descanso remunerado após 12 meses de trabalho. Além disso, efetue o pagamento do 13º salário, que corresponde a um salário adicional pago até o dia 20 de dezembro de cada ano.

É fundamental estar em conformidade com todas as obrigações trabalhistas para evitar problemas legais e garantir um ambiente de trabalho justo e saudável.

7. FORNECEDORES E ESTOQUE:

7.1 Identifique fornecedores de alimentos, bebidas e outros suprimentos necessários para a operação da lanchonete. Procure por fornecedores confiáveis e com boa reputação.

7.1.1 Pesquisa Online:

Realize pesquisas na internet para encontrar fornecedores de alimentos, bebidas e outros suprimentos necessários para sua lanchonete. Use palavras-chave relevantes para encontrar opções locais e regionais.

7.1.2 Redes De Contatos:

Consulte outros proprietários de lanchonetes ou profissionais do setor de alimentos para obter recomendações de fornecedores confiáveis.

7.1.3 Feiras E Eventos Do Setor:

Participe de feiras e eventos do setor de alimentos, onde você pode conhecer fornecedores, experimentar produtos e estabelecer contatos.

7.1.4 Distribuidores E Atacadistas:

Entre em contato com distribuidores e atacadistas de alimentos, bebidas e suprimentos. Eles geralmente oferecem uma variedade de produtos e preços competitivos.

7.1.5 Avaliações E Referências:

Verifique as avaliações e referências dos fornecedores em sites especializados e plataformas de avaliação de empresas. Isso pode lhe dar uma ideia da reputação e confiabilidade de cada fornecedor.

7.1.6 Visitas E Amostras:

Faça visitas aos fornecedores em potencial para conhecer seus produtos e serviços pessoalmente. Solicite amostras para avaliar a qualidade dos alimentos e bebidas.

7.1.7 Negocie Termos E Condições:

Ao entrar em contato com os fornecedores, negocie os termos e condições de compra, incluindo preços, prazos de entrega e políticas de devolução.

Lembre-se de que a escolha dos fornecedores é um fator importante para o sucesso da sua lanchonete. Busque fornecedores que ofereçam produtos de qualidade, entregas pontuais e preços competitivos. Estabelecer parcerias sólidas com fornecedores confiáveis ajudará a garantir o bom funcionamento da sua lanchonete e a satisfação dos clientes.

7.2 Estabelecer um sistema de controle de estoque eficiente é essencial para garantir o fornecimento adequado de suprimentos na lanchonete, evitando faltas e desperdícios. Aqui estão algumas etapas para criar um sistema de controle de estoque eficaz:

7.2.1 Classificação Dos Itens

Comece categorizando os itens do estoque em diferentes grupos, como alimentos perecíveis (frutas, verduras, carnes), alimentos não perecíveis (massas, enlatados), bebidas, embalagens e outros suprimentos.

7.2.2 Defina Um Ponto De Pedido

Determine a quantidade mínima de cada item que você deseja manter em estoque antes de fazer um novo pedido. Isso é conhecido como "ponto de pedido" e ajuda a evitar a falta de itens essenciais.

7.2.3 Controle De Entradas E Saídas

Registre todas as entradas e saídas de produtos no estoque. Isso pode ser feito por meio de planilhas, sistemas de software de gestão ou até mesmo aplicativos de controle de estoque.

7.2.4 Faça Inventários Regulares

Realize inventários periódicos para verificar fisicamente o estoque e comparar com os registros do controle. Isso ajudará a identificar discrepâncias e possíveis roubos.

7.2.5 Estabeleça Um Método De Registro De Validade

Para itens perecíveis, implemente um sistema de registro da data de validade. Organize o estoque de forma que os itens mais antigos fiquem na frente para serem utilizados primeiro (primeiro a vencer, primeiro a sair).

7.2.6 Controle De Desperdícios

Monitore e analise os itens que estão sendo desperdiçados regularmente. Identifique as causas e tome medidas para reduzir o desperdício, como ajustar as quantidades preparadas ou melhorar a conservação de alimentos.

7.2.7 Tenha Fornecedores Confiáveis

Mantenha um bom relacionamento com seus fornecedores para garantir entregas pontuais e de qualidade, evitando problemas de estoque por falta de abastecimento.

7.2.8 Planejamento Antecipado

Antecipe-se a eventos ou períodos de maior demanda, como feriados ou eventos especiais, para garantir que você tenha estoque suficiente para atender aos clientes nesses momentos.

7.2.9 Capacitação Da Equipe

Treine sua equipe para seguir o sistema de controle de estoque corretamente, garantindo que todos entendam a importância de manter o registro preciso das entradas e saídas de produtos.

Ao implementar um sistema de controle de estoque bem estruturado, você poderá evitar desperdícios e garantir um fluxo contínuo de suprimentos essenciais para a operação da lanchonete. Isso contribuirá para o sucesso do seu negócio e a satisfação dos clientes.

8. CARDÁPIO:

8.1 Criar um cardápio elaborado e saboroso que deixe os clientes com água na boca e ansiosos para experimentar nossas criações únicas. Aqui está uma descrição de como posso desenvolver esse cardápio:

8.1.1 Identificar O Conceito

O primeiro passo é definir o conceito da lanchonete e o público-alvo. Quais são os nossos diferenciais? Quais ingredientes ou culinárias queremos destacar? Esse entendimento é crucial para criar um cardápio coerente e cativante.

8.1.2 Lanches Especiais

Crio lanches exclusivos e inventivos, explorando combinações de sabores únicas que desafiam as expectativas dos clientes. Busco harmonizar ingredientes que, à primeira vista, podem parecer improváveis, mas se complementam perfeitamente no paladar.

8.1.3 Variedade E Opções Personalizadas

Ofereço uma variedade de lanches que atendam a diferentes preferências e restrições alimentares. Incluo opções vegetarianas, veganas e sem glúten para garantir que todos os clientes tenham uma experiência agradável.

8.1.4 Equilíbrio De Sabores

Procuro alcançar um equilíbrio de sabores em cada lanche, combinando ingredientes doces, salgados, ácidos e umami para criar uma experiência gastronômica completa.

8.1.5 Apresentação Criativa:

Acredito que a apresentação dos pratos é tão importante quanto o sabor. Cuido para que cada lanche seja visualmente atraente, despertando o apetite dos clientes antes mesmo de prová-los.

8.1.6 Menu Evolutivo

Mantenho nosso cardápio atualizado e aberto a mudanças sazonais e tendências gastronômicas. Introduzo novos lanches periodicamente, incentivando os clientes a experimentarem sempre algo novo.

8.1.7 Feedback Dos Clientes

Valorizo a opinião dos clientes e incentivo o feedback sobre os lanches. Escuto atentamente suas sugestões e críticas construtivas para aprimorar constantemente nossas receitas e serviços.

8.1.8 Treinamento Da Equipe

Treino minha equipe para preparar os lanches com perfeição e transmitir a filosofia da lanchonete aos clientes. A excelência no atendimento é uma parte fundamental da experiência em nossa lanchonete.

8.1.9 Paixão Pela Culinária

Como chef, coloco minha paixão pela culinária em cada criação, buscando surpreender e encantar os clientes com sabores inesquecíveis e momentos memoráveis.
Através dessas práticas, meu objetivo é proporcionar uma experiência gastronômica única e memorável em nossa lanchonete, conquistando o paladar e o coração dos nossos clientes e consolidando-nos como uma referência em lanches exclusivos e deliciosos.

9. MARKETING E DIVULGAÇÃO:

9.1 Crie uma estratégia de marketing para promover sua lanchonete. Isso pode incluir a criação de um site, presença nas redes sociais,

distribuição de panfletos ou anúncios locais.

9.1.1 Identidade Visual E Logotipo

Comece criando uma identidade visual atrativa e um logotipo que represente a proposta da sua lanchonete. Use cores, fontes e elementos visuais que reflitam a atmosfera do local e criem uma identidade marcante.

9.1.2 Criação De Um Site

Desenvolva um site profissional e responsivo que apresente informações importantes sobre a lanchonete, como o menu, horário de funcionamento, localização e formas de contato. Inclua fotos atraentes dos pratos e ambientes da lanchonete para despertar o interesse dos visitantes.

9.1.3 Presença Nas Redes Sociais

Crie perfis em redes sociais populares, como Facebook, Instagram e Twitter, e compartilhe conteúdo relevante e atrativo. Publique fotos dos pratos, informações sobre promoções, novidades e eventos especiais. Interaja com os seguidores respondendo a comentários e mensagens.

9.1.4 Promoções E Descontos

Ofereça promoções especiais, como descontos em combo de lanches, happy hour com preços especiais, brindes para clientes frequentes; etc. Isso pode atrair novos clientes e incentivar a fidelidade dos que já frequentam a lanchonete.

9.1.5 Programa De Fidelidade

Crie um programa de fidelidade que recompense os clientes frequentes com descontos ou brindes especiais. Isso pode aumentar a frequência de visitas e incentivar a indicação para amigos e familiares.

9.1.6 Distribuição De Panfletos

Distribua panfletos e folhetos promocionais em locais estratégicos, como escolas, escritórios e em áreas com grande circulação de pessoas. Certifique-se de que os panfletos tenham um design atrativo e informações importantes sobre a lanchonete.

9.1.7 Anúncios Locais

Considere a possibilidade de fazer anúncios em jornais locais, revistas e rádios para alcançar um público mais amplo na região.

9.1.8 Parcerias Locais

Estabeleça parcerias com empresas e estabelecimentos locais para promover a lanchonete. Por exemplo, ofereça descontos especiais para funcionários de empresas próximas ou participe de eventos em parceria com outras empresas locais.

9.1.9 Marketing De Influência

Identifique influenciadores locais que possam promover a lanchonete por meio de suas redes sociais. Isso pode ajudar a alcançar um público maior e potencialmente novo.

9.1.10 Eventos E Degustações

Organize eventos especiais, como degustações de novos pratos, festivais gastronômicos ou noites temáticas. Isso pode atrair a atenção da comunidade local e gerar interesse pela lanchonete. Lembre-se de que o marketing é uma estratégia contínua, e é importante monitorar e analisar os resultados de suas ações para ajustar e melhorar continuamente suas estratégias de promoção da lanchonete. Invista em relacionamento com os clientes, qualidade dos produtos e serviços para construir uma imagem positiva e duradoura da sua lanchonete na comunidade local.

9.2 Considere parcerias com empresas locais, promoções especiais e eventos é uma estratégia inteligente para atrair clientes e aumentar o movimento da sua lanchonete. Aqui estão algumas ideias específicas que podem ser implementadas.

9.2.1 Parcerias Com Escolas E Escritórios

Estabeleça parcerias com escolas e escritórios próximos à lanchonete. Ofereça descontos especiais para estudantes, professores e funcionários. Você também pode fornecer serviços de entrega para atender a pedidos em escritórios e instituições educacionais.

9.2.2 Eventos Temáticos

Organize eventos temáticos na lanchonete, como noites de jogos, festas temáticas, shows acústicos ou noites de karaokê. Promova esses eventos nas redes sociais e convide seus seguidores a participar.

9.2.3 Happy Hour E Promoções Especiais:

Ofereça um "happy hour" com descontos em bebidas e aperitivos em horários específicos para atrair clientes em momentos mais tranquilos do dia.

9.2.4 Promoção "Traga Um Amigo"

Crie uma promoção em que clientes que tragam um amigo recebam descontos especiais ou brindes nas compras.

9.2.5 Parcerias Com Outros Negócios Locais

Faça parcerias com outras empresas locais, como cinemas, teatros ou academias, para oferecer descontos especiais aos clientes. Isso pode incentivar os clientes a visitarem sua lanchonete antes ou depois de outras atividades.

9.2.6 Cardápio Especial

Crie um cardápio especial para datas comemorativas, feriados ou eventos locais. Ofereça pratos temáticos que estejam em sintonia com as celebrações.

9.2.7 Programa De Indicação

Implemente um programa de indicação, onde os clientes que trouxerem novos clientes para a lanchonete recebem recompensas ou descontos nas próximas compras.

9.2.8 Promoção De Aniversário

Ofereça promoções especiais para clientes em seus aniversários, como um desconto especial ou um item gratuito no cardápio.

9.2.9 Dia Do Cliente

Reserve um dia da semana para oferecer ofertas exclusivas para clientes fiéis, mostrando seu agradecimento pela preferência.

9.2.10 Participação Em Eventos Comunitários

Participe de eventos locais, como feiras, festivais ou eventos esportivos, oferecendo amostras grátis, vouchers ou descontos especiais aos participantes.

Lembre-se de promover essas ações de marketing através do site da lanchonete, redes sociais, panfletos e cartazes no estabelecimento. A criatividade e a inovação são essenciais para se destacar no mercado e atrair novos clientes. Aproveite o potencial de parcerias e promoções especiais para criar uma experiência memorável para seus clientes e aumentar a popularidade da sua lanchonete na comunidade local.

www.ingramcontent.com/pod-product-compliance
Lightning Source LLC
Chambersburg PA
CBHW030100230526
45471CB00003B/1183